This book belongs to:

_____

_____

Hike	Page

Hike	Page

Hike	Page

Hike	Page

Hike/Trail Name: _____

Date: _____   Distance: _____

Location: _____

Companions: _____

┌─────────────────────────────┐ ┌─────────────────────────────┐
Weather   Difficulty/Trail Description

Temperature: _____

[weather icons: sun, sun with cloud, cloud, rain cloud]

[difficulty icons]
1   2   3   4   5

_____   _____
_____   _____

┌───┐
Best three things about the hike:

1. _____

2. _____

3. _____
└───┘

Description/Highlights: _____

_____

_____

_____

_____

_____

_____

_____

_____

_____   ┌─────────────────────────────┐
                                                  Hike Overall Rating

_____   ☆

Hike/Trail Name: _____

Date: _____   Distance: _____

Location: _____

Companions: _____

<table>
<tr><td>

Weather

Temperature: _____

☀️   🌦️   ☁️   🌧️

_____

_____

</td><td>

Difficulty/Trail Description

🚶   🚶‍♂️   🧗

1   2   3   4   5

_____

_____

</td></tr>
</table>

Best three things about the hike:

1. _____

2. _____

3. _____

Description/Highlights: _____

_____

_____

_____

_____

_____

_____

_____

_____

Hike Overall Rating

☆ ☆ ☆ ☆ ☆

Hike/Trail Name: _____

Date: _____   Distance: _____

Location: _____

Companions: _____

<table>
<tr><td>

Weather

Temperature: _____

☀ ⛅ ☁ 🌧

_____

_____

</td><td>

Difficulty/Trail Description

🚶 🚶‍♂️ 🧗

1   2   3   4   5

_____

_____

</td></tr>
</table>

Best three things about the hike:

1. _____

2. _____

3. _____

Description/Highlights: _____

_____

_____

_____

_____

_____

_____

_____

_____

_____

Hike Overall Rating

☆ ☆ ☆ ☆ ☆

Hike/Trail Name: _____

Date: _____   Distance: _____

Location: _____

Companions: _____

┌─────────────────────────────┐ ┌─────────────────────────────────┐
│   Weather   │ │   Difficulty/Trail Description   │
│ Temperature: _____   │ │   │
│   │ │   🚶   🥾   🧗   │
│ ☀️   🌦️   ☁️   🌧️   │ │   1   2   3   4   5   │
│   │ │ _____ │
│ _____   │ │   │
│ _____   │ │ _____ │
└─────────────────────────────┘ └─────────────────────────────────┘

┌──┐
│ Best three things about the hike: │
│   │
│ 1. _____ │
│   │
│ 2. _____ │
│   │
│ 3. _____ │
└──┘

Description/Highlights: _____

_____

_____

_____

_____

_____

_____

_____

_____

┌─────────────────────────────┐
│   Hike Overall Rating   │   _____
│ ☆   ☆   ☆   ☆   ☆   │   _____
└─────────────────────────────┘

Hike/Trail Name: _____

Date: _____   Distance: _____

Location: _____

Companions: _____

Weather

Temperature: _____

☀ ⛅ ☁ 🌧

Difficulty/Trail Description

 1   2   3   4   5

Best three things about the hike:

1. _____

2. _____

3. _____

Description/Highlights: _____

_____

_____

_____

_____

_____

_____

_____

Hike Overall Rating

☆ ☆ ☆ ☆ ☆

Hike/Trail Name: _____

Date: _____   Distance: _____

Location: _____

Companions: _____

<table>
<tr><td>

Weather

Temperature: _____

☀ ⛅ ☁ 🌧

_____

_____

</td><td>

Difficulty/Trail Description

🚶 🚶‍ 🧗

1   2   3   4   5

_____

_____

</td></tr>
</table>

Best three things about the hike:

1. _____

2. _____

3. _____

Description/Highlights: _____

_____

_____

_____

_____

_____

_____

_____

_____

Hike Overall Rating

☆ ☆ ☆ ☆ ☆

Hike/Trail Name: _____

Date: _____   Distance: _____

Location: _____

Companions: _____

┌─────────────────────────────┐ ┌─────────────────────────────────┐
        Weather   Difficulty/Trail Description

Temperature: _____

   ☀   ⛅   ☁   🌧   🚶   🥾   🧗
                                     1   2   3   4   5

   _____   _____

   _____   _____
└─────────────────────────────┘ └─────────────────────────────────┘

┌──┐
  Best three things about the hike:

  1. _____

  2. _____

  3. _____
└──┘

Description/Highlights: _____

_____

_____

_____

_____

_____

_____

_____

_____

                              ┌─────────────────────────────────────┐
                                       Hike Overall Rating
_____
                                 ☆   ☆   ☆   ☆   ☆
_____   └─────────────────────────────────────┘

Hike/Trail Name: _____

Date: _____   Distance: _____

Location: _____

Companions: _____

<table>
<tr><td>

Weather

Temperature: _____

☀ ⛅ ☁ 🌧

_____

_____

</td><td>

Difficulty/Trail Description

🚶   🥾   🧗

1   2   3   4   5

_____

_____

</td></tr>
</table>

Best three things about the hike:

1. _____

2. _____

3. _____

Description/Highlights: _____

_____

_____

_____

_____

_____

_____

_____

_____

Hike Overall Rating

☆ ☆ ☆ ☆ ☆

_____

Hike/Trail Name: _____

Date: _____   Distance: _____

Location: _____

Companions: _____

┌─────────────────────────────────┐ ┌─────────────────────────────────┐
│   Weather   │ │   Difficulty/Trail Description │
│ Temperature: _____   │ │   │
│   │ │   1   2   3   4   5   │
│ ☀   ⛅   ☁   🌧   │ │   │
│ _____   │ │ _____ │
│ _____   │ │ _____ │
└─────────────────────────────────┘ └─────────────────────────────────┘

┌───┐
│ Best three things about the hike: │
│   │
│   1. _____ │
│   │
│   2. _____ │
│   │
│   3. _____ │
└───┘

Description/Highlights: _____

_____

_____

_____

_____

_____

_____

_____

_____

_____

                                    ┌─────────────────────────────────┐
_____   │   Hike Overall Rating   │
                                    │   ☆ │
_____   └─────────────────────────────────┘

Hike/Trail Name: _____

Date: _____ Distance: _____

Location: _____

Companions: _____

Weather

Temperature: _____

_____
_____

Difficulty/Trail Description

1   2   3   4   5

_____
_____

Best three things about the hike:

1. _____

2. _____

3. _____

Description/Highlights: _____

_____

_____

_____

_____

_____

_____

_____

_____

_____

Hike Overall Rating

☆ ☆ ☆ ☆ ☆

Hike/Trail Name: _____

Date: _____   Distance: _____

Location: _____

Companions: _____

<table>
<tr><td>

Weather

Temperature: _____

☀ ⛅ ☁ 🌧

_____

_____

</td><td>

Difficulty/Trail Description

🚶 🚶‍♂️ 🧗

1   2   3   4   5

_____

_____

</td></tr>
</table>

Best three things about the hike:

1. _____

2. _____

3. _____

Description/Highlights: _____

_____

_____

_____

_____

_____

_____

_____

_____

_____

_____

Hike Overall Rating

    ☆

Hike/Trail Name: _____

Date: _____   Distance: _____

Location: _____

Companions: _____

<table>
<tr><td>

Weather

Temperature: _____

☀ ⛅ ☁ 🌧

_____

_____

</td><td>

Difficulty/Trail Description

🚶 , 🚶‍ , 🧗

1   2   3   4   5

_____

_____

</td></tr>
</table>

Best three things about the hike:

1. _____

2. _____

3. _____

Description/Highlights: _____

_____

_____

_____

_____

_____

_____

_____

_____

Hike Overall Rating

☆ ☆ ☆ ☆ ☆

12

Hike/Trail Name: _____

Date: _____   Distance: _____

Location: _____

Companions: _____

Weather

Temperature: _____

☀️   ⛅   ☁️   🌧️

_____

_____

Difficulty/Trail Description

🚶 1   2   🚶‍♂️ 3   4   🧗 5

_____

_____

Best three things about the hike:

1. _____

2. _____

3. _____

Description/Highlights: _____

_____

_____

_____

_____

_____

_____

_____

_____

_____

Hike Overall Rating

Hike/Trail Name: _____

Date: _____   Distance: _____

Location: _____

Companions: _____

┌─────────────────────────────┐ ┌────────────────────────────────┐
│   Weather   │ │   Difficulty/Trail Description │
│ Temperature: _____   │ │   │
│   │ │ [1]   2   [3]   4   [5]   │
│ ☀ ⛈ ☁ 🌧   │ │   1   2   3   4   5   │
│   │ │ _____   │
│ _____   │ │   │
│ _____   │ │ _____   │
└─────────────────────────────┘ └────────────────────────────────┘

┌──┐
│ Best three things about the hike: │
│   │
│ 1. _____   │
│   │
│ 2. _____   │
│   │
│ 3. _____   │
└──┘

Description/Highlights: _____

_____

_____

_____

_____

_____

_____

_____

_____

_____

┌─────────────────────────┐
│   Hike Overall Rating   │   _____
│ ☆ ☆ ☆ ☆ ☆   │
└─────────────────────────┘   _____

14

Hike/Trail Name: _____

Date: _____   Distance: _____

Location: _____

Companions: _____

┌─────────────────────────────┐ ┌─────────────────────────────────┐
│   Weather   │ │   Difficulty/Trail Description   │
│ Temperature: _____   │ │   │
│ ☀ ⛅ ☁ 🌧   │ │   1   2   3   4   5   │
│ _____   │ │   _____   │
│ _____   │ │   _____   │
└─────────────────────────────┘ └─────────────────────────────────┘

┌──┐
│ Best three things about the hike: │
│   │
│ 1. _____ │
│   │
│ 2. _____ │
│   │
│ 3. _____ │
└──┘

Description/Highlights: _____

_____

_____

_____

_____

_____

_____

_____

_____

_____

┌─────────────────────────────────┐
│   Hike Overall Rating   │
│   ☆ │
└─────────────────────────────────┘

Hike/Trail Name: _____

Date: _____ Distance: _____

Location: _____

Companions: _____

<table>
<tr><td>

Weather

Temperature: _____

☀ ⛅ ☁ 🌧

_____

_____

</td><td>

Difficulty/Trail Description

🚶 🚶 🧗
1   2   3   4   5

_____

_____

</td></tr>
</table>

Best three things about the hike:

1. _____

2. _____

3. _____

Description/Highlights: _____

_____

_____

_____

_____

_____

_____

_____

_____

Hike Overall Rating

☆ ☆ ☆ ☆ ☆

Hike/Trail Name: _____

Date: _____   Distance: _____

Location: _____

Companions: _____

<table>
<tr><td>

Weather

Temperature: _____

☀️   ⛅   ☁️   🌧️

_____

_____

</td><td>

Difficulty/Trail Description

🚶 1   2   🥾 3   4   🧗 5

_____

_____

</td></tr>
</table>

Best three things about the hike:

1. _____

2. _____

3. _____

Description/Highlights: _____

_____

_____

_____

_____

_____

_____

_____

_____

_____

| Hike Overall Rating |
| ☆ ☆ ☆ ☆ ☆ |

Hike/Trail Name: _____

Date: _____   Distance: _____

Location: _____

Companions: _____

<table>
<tr><td>

Weather

Temperature: _____

☀ ⛅ ☁ 🌧

_____

_____

</td><td>

Difficulty/Trail Description

🚶   🥾   🧗

1   2   3   4   5

_____

_____

</td></tr>
</table>

Best three things about the hike:

1. _____

2. _____

3. _____

Description/Highlights: _____

_____

_____

_____

_____

_____

_____

_____

_____

_____

Hike Overall Rating

☆ ☆ ☆ ☆ ☆   _____

_____

Hike/Trail Name: _____

Date: _____   Distance: _____

Location: _____

Companions: _____

Weather	Difficulty/Trail Description

Weather

Temperature: _____

☀ ⛅ ☁ 🌧

_____

_____

Difficulty/Trail Description

1   2   3   4   5

_____

_____

Best three things about the hike:

1. _____

2. _____

3. _____

Description/Highlights: _____

_____

_____

_____

_____

_____

_____

_____

_____

_____

Hike Overall Rating

Hike/Trail Name: _____

Date: _____   Distance: _____

Location: _____

Companions: _____

Weather

Temperature: _____

☀ ⛅ ☁ 🌧

Difficulty/Trail Description

🚶   🥾   🧗

1   2   3   4   5

Best three things about the hike:

1. _____

2. _____

3. _____

Description/Highlights: _____

_____

_____

_____

_____

_____

_____

_____

_____

Hike Overall Rating

☆ ☆ ☆ ☆ ☆

Hike/Trail Name: _____

Date: _____   Distance: _____

Location: _____

Companions: _____

Weather	Difficulty/Trail Description

Weather

Temperature: _____

☀️   ⛅   ☁️   🌧️

_____

_____

Difficulty/Trail Description

🚶 1   2   🚶‍♂️ 3   4   🧗 5

_____

_____

Best three things about the hike:

1. _____

2. _____

3. _____

Description/Highlights: _____

_____

_____

_____

_____

_____

_____

_____

_____

_____

Hike Overall Rating

☆ ☆ ☆ ☆ ☆

Hike/Trail Name: _____

Date: _____   Distance: _____

Location: _____

Companions: _____

Weather

Temperature: _____

☼   ⛅   ☁   🌧

_____
_____

Difficulty/Trail Description

🚶   🚶‍♂️   🧗
1   2   3   4   5

_____
_____

Best three things about the hike:

1. _____

2. _____

3. _____

Description/Highlights: _____

_____
_____
_____
_____
_____
_____
_____
_____

Hike Overall Rating
☆ ☆ ☆ ☆ ☆

_____
_____

22

Hike/Trail Name: _____

Date: _____   Distance: _____

Location: _____

Companions: _____

Weather

Temperature: _____

☀ ⛅ ☁ 🌧

_____

_____

Difficulty/Trail Description

🚶   🥾   🧗
1   2   3   4   5

_____

_____

Best three things about the hike:

1. _____

2. _____

3. _____

Description/Highlights: _____

_____

_____

_____

_____

_____

_____

_____

_____

_____

_____

Hike Overall Rating

    ☆

23

Hike/Trail Name: _____

Date: _____ Distance: _____

Location: _____

Companions: _____

Weather	Difficulty/Trail Description

Weather

Temperature: _____

☀ ⛈ ☁ 🌧

Difficulty/Trail Description

🚶 1   🚶 2   🥾 3   4   🧗 5

_____   _____

_____   _____

Best three things about the hike:

1. _____

2. _____

3. _____

Description/Highlights: _____

_____

_____

_____

_____

_____

_____

_____

_____

_____

Hike Overall Rating

☆ ☆ ☆ ☆ ☆

_____

_____

24

Hike/Trail Name: _____

Date: _____   Distance: _____

Location: _____

Companions: _____

Weather	Difficulty/Trail Description

Weather

Temperature: _____

☀ ⛅ ☁ 🌧

_____

_____

Difficulty/Trail Description

🚶 1   2   🚶‍♂️ 3   4   🧗 5

_____

_____

Best three things about the hike:

1. _____

2. _____

3. _____

Description/Highlights: _____

_____

_____

_____

_____

_____

_____

_____

_____

_____

_____

Hike Overall Rating

    ☆

Hike/Trail Name: _____

Date: _____   Distance: _____

Location: _____

Companions: _____

Weather	Difficulty/Trail Description
Temperature: _____	

Weather icons (sun, partly cloudy with rain, cloudy, rain)

_____

_____

Difficulty icons numbered 1 2 3 4 5

_____

_____

Best three things about the hike:

1. _____

2. _____

3. _____

Description/Highlights: _____

_____

_____

_____

_____

_____

_____

_____

_____

Hike Overall Rating

☆ ☆ ☆ ☆ ☆

_____

_____

Hike/Trail Name: _____

Date: _____   Distance: _____

Location: _____

Companions: _____

```
┌─────────────────────────────┐   ┌──────────────────────────────────┐
│          Weather            │   │   Difficulty/Trail Description    │
│  Temperature: _____     │   │                                   │
│                             │   │   [1]      [3]           [5]       │
│   ☀   ⛅   ☁   🌧           │   │    1    2    3    4    5           │
│                             │   │                                   │
│  _____        │   │  _____    │
│  _____        │   │  _____    │
└─────────────────────────────┘   └──────────────────────────────────┘
```

┌──┐
│ Best three things about the hike: │
│   │
│   1. _____   │
│   │
│   2. _____   │
│   │
│   3. _____   │
└──┘

Description/Highlights: _____

_____

_____

_____

_____

_____

_____

_____

_____

_____

                                   ┌──────────────────────────────────┐
_____   │   Hike Overall Rating   │
                                   │   ☆ ☆ ☆   │
27   └──────────────────────────────────┘
```
```

Hike/Trail Name: _____

Date: _____   Distance: _____

Location: _____

Companions: _____

Weather	Difficulty/Trail Description
Temperature: _____	
☀ ⛅ ☁ 🌧	1 2 3 4 5
_____	_____
_____	_____

Best three things about the hike:

1. _____

2. _____

3. _____

Description/Highlights: _____

_____

_____

_____

_____

_____

_____

_____

_____

Hike Overall Rating	
☆ ☆ ☆ ☆ ☆	_____

Hike/Trail Name: _____

Date: _____   Distance: _____

Location: _____

Companions: _____

```
┌─────────────────────────────┐  ┌──────────────────────────────┐
│          Weather            │  │  Difficulty/Trail Description │
│  Temperature: _____   │  │   [1]    [2]   [3]   [4]  [5] │
│   ☀   ⛅   ☁   🌧          │  │    1     2     3     4     5  │
│  _____   │  │  _____  │
│  _____   │  │  _____  │
└─────────────────────────────┘  └──────────────────────────────┘
```

Best three things about the hike:

1. _____

2. _____

3. _____

Description/Highlights: _____

_____

_____

_____

_____

_____

_____

_____

_____

_____

Hike Overall Rating

Hike/Trail Name: _____

Date: _____   Distance: _____

Location: _____

Companions: _____

<table>
<tr><td>

Weather

Temperature: _____

☀ ⛅ ☁ 🌧

_____

_____

</td><td>

Difficulty/Trail Description

🚶 🥾 🧗

1   2   3   4   5

_____

_____

</td></tr>
</table>

Best three things about the hike:

1. _____

2. _____

3. _____

Description/Highlights: _____

_____

_____

_____

_____

_____

_____

_____

_____

_____

Hike Overall Rating

☆ ☆ ☆ ☆ ☆

Hike/Trail Name: _____

Date: _____   Distance: _____

Location: _____

Companions: _____

┌─────────────────────────────┐ ┌─────────────────────────────┐
│   Weather   │ │   Difficulty/Trail Description │
│   │ │   │
│ Temperature: _____   │ │   1   2   3   4   5   │
│   │ │   │
│ ☀   ⛅   ☁   🌧   │ │   _____ │
│   │ │   │
│ _____ │ │   _____ │
│   │ │   │
│ _____ │ │   │
└─────────────────────────────┘ └─────────────────────────────┘

┌──┐
│ Best three things about the hike: │
│   │
│ 1. _____ │
│   │
│ 2. _____ │
│   │
│ 3. _____ │
│   │
└──┘

Description/Highlights: _____

_____

_____

_____

_____

_____

_____

_____

_____

_____

                              ┌──────────────────────────────────┐
_____ │   Hike Overall Rating   │
                              │   │
_____ │   ☆ │
                              └──────────────────────────────────┘

Hike/Trail Name: _____

Date: _____   Distance: _____

Location: _____

Companions: _____

<table>
<tr><td>
Weather

Temperature: _____

☀ ⛅ ☁ 🌧

_____

_____
</td><td>
Difficulty/Trail Description

🚶 🚶 🧗

1   2   3   4   5

_____

_____
</td></tr>
</table>

Best three things about the hike:

1. _____

2. _____

3. _____

Description/Highlights: _____

_____

_____

_____

_____

_____

_____

_____

_____

Hike Overall Rating

☆ ☆ ☆ ☆ ☆

Hike/Trail Name: _____

Date: _____   Distance: _____

Location: _____

Companions: _____

Weather

Temperature: _____

☀ ⛅ ☁ 🌧

_____

_____

Difficulty/Trail Description

🚶 1   🚶 2   🥾 3   4   🧗 5

_____

_____

Best three things about the hike:

1. _____

2. _____

3. _____

Description/Highlights: _____

_____

_____

_____

_____

_____

_____

_____

_____

_____

Hike Overall Rating

    ☆

Hike/Trail Name: _____

Date: _____   Distance: _____

Location: _____

Companions: _____

Weather	Difficulty/Trail Description

Weather

Temperature: _____

Difficulty/Trail Description

1   2   3   4   5

_____

_____

Best three things about the hike:

1. _____

2. _____

3. _____

Description/Highlights: _____

_____

_____

_____

_____

_____

_____

_____

_____

_____

Hike Overall Rating

_____

Hike/Trail Name: _____

Date: _____   Distance: _____

Location: _____

Companions: _____

Weather

Temperature: _____

Difficulty/Trail Description

1   2   3   4   5

_____

_____

Best three things about the hike:

1. _____

2. _____

3. _____

Description/Highlights: _____

_____

_____

_____

_____

_____

_____

_____

_____

_____

Hike Overall Rating

Hike/Trail Name: _____

Date: _____   Distance: _____

Location: _____

Companions: _____

┌─────────────────────────────┐ ┌─────────────────────────────┐
│   Weather   │ │   Difficulty/Trail Description │
│ Temperature: _____   │ │   │
│   │ │   [1]   [2]   [3]   [4] [5] │
│   ☀   ⛆   ☁   ☔   │ │   1   2   3   4   5   │
│   │ │   │
│ _____ │ │ _____ │
│ _____ │ │ _____ │
└─────────────────────────────┘ └─────────────────────────────┘

┌───┐
│ Best three things about the hike: │
│   │
│ 1. _____ │
│   │
│ 2. _____ │
│   │
│ 3. _____ │
└───┘

Description/Highlights: _____

_____

_____

_____

_____

_____

_____

_____

_____

_____

┌─────────────────────────────┐
│   Hike Overall Rating   │   _____
│   ☆   ☆   ☆   ☆   ☆   │   _____
└─────────────────────────────┘

Hike/Trail Name: _____

Date: _____   Distance: _____

Location: _____

Companions: _____

┌─────────────────────────────┐ ┌──────────────────────────────────┐
│   Weather   │ │   Difficulty/Trail Description   │
│ Temperature: _____ │ │   │
│ ☀   ⛅   ☁   🌧   │ │   🚶   🥾   🧗   │
│   │ │   1   2   3   4   5   │
│ _____   │ │   _____   │
│ _____   │ │   _____   │
└─────────────────────────────┘ └──────────────────────────────────┘

┌───┐
│ Best three things about the hike: │
│   │
│ 1. _____ │
│   │
│ 2. _____ │
│   │
│ 3. _____ │
└───┘

Description/Highlights: _____

_____

_____

_____

_____

_____

_____

_____

_____

┌──────────────────────────────────┐
│   Hike Overall Rating   │
_____ │   ☆ │
                                   └──────────────────────────────────┘

Hike/Trail Name: _____

Date: _____   Distance: _____

Location: _____

Companions: _____

<table>
<tr><td>

Weather

Temperature: _____

☀ ⛅ ☁ 🌧

1   2   3   4

_____

_____

</td><td>

Difficulty/Trail Description

🚶 🚶‍ 🧗

1   3   4   5

_____

_____

</td></tr>
</table>

Best three things about the hike:

1. _____

2. _____

3. _____

Description/Highlights: _____

_____

_____

_____

_____

_____

_____

_____

_____

_____

Hike Overall Rating

☆ ☆ ☆ ☆ ☆

Hike/Trail Name: _____

Date: _____   Distance: _____

Location: _____

Companions: _____

Weather	Difficulty/Trail Description
Temperature: _____	
☀ ⛅ ☁ 🌧	1 2 3 4 5
_____	_____
_____	_____

Best three things about the hike:

1. _____

2. _____

3. _____

Description/Highlights: _____

_____

_____

_____

_____

_____

_____

_____

_____

Hike Overall Rating
☆ ☆ ☆ ☆ ☆

Hike/Trail Name: _____

Date: _____ Distance: _____

Location: _____

Companions: _____

Weather	Difficulty/Trail Description
Temperature: _____	

Best three things about the hike:

1. _____

2. _____

3. _____

Description/Highlights: _____

_____

_____

_____

_____

_____

_____

_____

_____

_____

Hike Overall Rating

Hike/Trail Name: _____

Date: _____   Distance: _____

Location: _____

Companions: _____

<table>
<tr><td>

Weather

Temperature: _____

☀   ⛅   ☁   🌧

_____

_____

</td><td>

Difficulty/Trail Description

🚶   🥾   🧗
1   2   3   4   5

_____

_____

</td></tr>
</table>

Best three things about the hike:

1. _____

2. _____

3. _____

Description/Highlights: _____

_____

_____

_____

_____

_____

_____

_____

_____

_____

Hike Overall Rating

    ☆

Hike/Trail Name: _____

Date: _____   Distance: _____

Location: _____

Companions: _____

<table>
<tr><td>

Weather

Temperature: _____

_____

_____

</td><td>

Difficulty/Trail Description

1   2   3   4   5

_____

_____

</td></tr>
</table>

Best three things about the hike:

1. _____

2. _____

3. _____

Description/Highlights: _____

_____

_____

_____

_____

_____

_____

_____

_____

Hike Overall Rating
☆ ☆ ☆ ☆ ☆

_____

Hike/Trail Name: _____

Date: _____   Distance: _____

Location: _____

Companions: _____

<table>
<tr><td>

Weather

Temperature: _____

☀ ⛅ ☁ 🌧

_____

_____

</td><td>

Difficulty/Trail Description

🚶 🥾 🧗

1   2   3   4   5

_____

_____

</td></tr>
</table>

Best three things about the hike:

1. _____

2. _____

3. _____

Description/Highlights: _____

_____

_____

_____

_____

_____

_____

_____

_____

_____

_____

Hike Overall Rating

☆ ☆ ☆ ☆ ☆

Hike/Trail Name: _____

Date: _____   Distance: _____

Location: _____

Companions: _____

Weather
Temperature: _____

☀ ⛅ ☁ 🌧

_____
_____

Difficulty/Trail Description

🚶 1   2   🚶‍♂️ 3   4   🧗 5

_____
_____

Best three things about the hike:

1. _____

2. _____

3. _____

Description/Highlights: _____

_____
_____
_____
_____
_____
_____
_____
_____
_____

Hike Overall Rating
☆ ☆ ☆ ☆ ☆

Hike/Trail Name: _____

Date: _____ Distance: _____

Location: _____

Companions: _____

<table>
<tr><td>

Weather

Temperature: _____

☀ ⛅ ☁ 🌧

_____

_____

</td><td>

Difficulty/Trail Description

🚶 , 🚶‍♂️ , 🧗

1   2   3   4   5

_____

_____

</td></tr>
</table>

Best three things about the hike:

1. _____

2. _____

3. _____

Description/Highlights: _____

_____

_____

_____

_____

_____

_____

_____

_____

_____

_____

Hike Overall Rating

☆ ☆ ☆ ☆ ☆

Hike/Trail Name: _____

Date: _____   Distance: _____

Location: _____

Companions: _____

Weather

Temperature: _____

☀️ ⛅ ☁️ 🌧️

_____

_____

Difficulty/Trail Description

🚶 🥾 🧗
1   2   3   4   5

_____

_____

Best three things about the hike:

1. _____

2. _____

3. _____

Description/Highlights: _____

_____

_____

_____

_____

_____

_____

_____

Hike Overall Rating
☆ ☆ ☆ ☆ ☆

_____

_____

Hike/Trail Name: _____

Date: _____   Distance: _____

Location: _____

Companions: _____

<table>
<tr><td>

Weather

Temperature: _____

☀ ⛅ ☁ 🌧

_____

_____

</td><td>

Difficulty/Trail Description

🚶 1   2   🚶‍♂️ 3   4   🧗 5

_____

_____

</td></tr>
</table>

Best three things about the hike:

1. _____

2. _____

3. _____

Description/Highlights: _____

_____

_____

_____

_____

_____

_____

_____

_____

_____

Hike Overall Rating

☆ ☆ ☆ ☆ ☆

Hike/Trail Name: _____

Date: _____ Distance: _____

Location: _____

Companions: _____

<table>
<tr><td>

Weather

Temperature: _____

☀ ⛅ ☁ 🌧

_____

_____

</td><td>

Difficulty/Trail Description

🚶   🥾   🧗

1   2   3   4   5

_____

_____

</td></tr>
</table>

Best three things about the hike:

1. _____

2. _____

3. _____

Description/Highlights: _____

_____

_____

_____

_____

_____

_____

_____

_____

Hike Overall Rating

☆ ☆ ☆ ☆ ☆

_____

48

Hike/Trail Name: _____

Date: _____   Distance: _____

Location: _____

Companions: _____

Weather

Temperature: _____

☀️ 🌦️ ☁️ 🌧️

_____
_____

Difficulty/Trail Description

🚶   🚶‍♂️   🧗
1   2   3   4   5

_____
_____

Best three things about the hike:

1. _____

2. _____

3. _____

Description/Highlights: _____

_____

_____

_____

_____

_____

_____

_____

_____

_____

Hike Overall Rating

    ☆

Hike/Trail Name: _____

Date: _____   Distance: _____

Location: _____

Companions: _____

┌─────────────────────────────┐   ┌─────────────────────────────┐
│   Weather   │   │ Difficulty/Trail Description │
│ Temperature: _____   │   │   │
│   │   │   [🚶] 1   2 [🥾] 3 4 [🧗] 5 │
│ ☀ ⛅ ☁ 🌧   │   │   │
│ _____   │   │   _____ │
│ _____   │   │   _____ │
└─────────────────────────────┘   └─────────────────────────────┘

┌───┐
│ Best three things about the hike: │
│   │
│ 1. _____ │
│   │
│ 2. _____ │
│   │
│ 3. _____ │
└───┘

Description/Highlights: _____

_____

_____

_____

_____

_____

_____

_____

_____

_____

┌────────────────────────────┐
│   Hike Overall Rating   │   _____
│ ☆   ☆   ☆   ☆   ☆   │   _____
└────────────────────────────┘

Hike/Trail Name: _____

Date: _____   Distance: _____

Location: _____

Companions: _____

┌─────────────────────────┐ ┌─────────────────────────┐
│   Weather   │ │ Difficulty/Trail Description │
│ Temperature: _____ │ │   │
│   │ │   🚶   🥾   🧗   │
│ ☀️   🌤️   ☁️   🌧️   │ │   1   2   3   4   5 │
│   │ │ _____ │
│ _____ │ │ _____ │
│ _____ │ │   │
└─────────────────────────┘ └─────────────────────────┘

┌──┐
│ Best three things about the hike: │
│   │
│ 1. _____   │
│   │
│ 2. _____   │
│   │
│ 3. _____   │
└──┘

Description/Highlights: _____

_____

_____

_____

_____

_____

_____

_____

_____

┌──────────────────────────────────────┐
│   Hike Overall Rating   │
│   ☆   │
└──────────────────────────────────────┘

Hike/Trail Name: _____

Date: _____ Distance: _____

Location: _____

Companions: _____

Weather

Temperature: _____

☀ ⛅ ☁ 🌧

_____

_____

Difficulty/Trail Description

🚶 🚶 🧗
1   2   3   4   5

_____

_____

Best three things about the hike:

1. _____

2. _____

3. _____

Description/Highlights: _____

_____

_____

_____

_____

_____

_____

_____

_____

_____

Hike Overall Rating

☆ ☆ ☆ ☆ ☆

_____

_____

Hike/Trail Name: _____

Date: _____   Distance: _____

Location: _____

Companions: _____

Weather

Temperature: _____

☀ ⛅ ☁ 🌧

_____

_____

Difficulty/Trail Description

1   2   3   4   5

_____

_____

Best three things about the hike:

1. _____

2. _____

3. _____

Description/Highlights: _____

_____

_____

_____

_____

_____

_____

_____

_____

_____

_____

Hike Overall Rating

☆ ☆ ☆ ☆ ☆

Hike/Trail Name: _____

Date: _____   Distance: _____

Location: _____

Companions: _____

Weather

Temperature: _____

_____

_____

Difficulty/Trail Description

1   2   3   4   5

_____

_____

Best three things about the hike:

1. _____

2. _____

3. _____

Description/Highlights: _____

_____

_____

_____

_____

_____

_____

_____

_____

_____

Hike Overall Rating

_____

_____

Hike/Trail Name: _____

Date: _____ Distance: _____

Location: _____

Companions: _____

┌─────────────────────────────┐ ┌─────────────────────────────┐
│   Weather   │ │ Difficulty/Trail Description │
│   │ │   │
│ Temperature: _____ │ │ [1]   [2]   [3] [4] [5] │
│   │ │   1   2   3   4   5   │
│ ☀   ⛅   ☁   🌧   │ │   │
│   │ │ _____ │
│ _____ │ │ _____ │
│ _____ │ │   │
└─────────────────────────────┘ └─────────────────────────────┘

┌──┐
│ Best three things about the hike: │
│   │
│ 1. _____ │
│   │
│ 2. _____ │
│   │
│ 3. _____ │
└──┘

Description/Highlights: _____

_____

_____

_____

_____

_____

_____

_____

_____

_____

                              ┌─────────────────────────────────┐
_____   │   Hike Overall Rating   │
                              │   ☆   ☆   ☆   ☆   ☆   │
_____   └─────────────────────────────────┘

Hike/Trail Name: _____

Date: _____   Distance: _____

Location: _____

Companions: _____

<table>
<tr><td>

Weather

Temperature: _____

☀ ⛅ ☁ 🌧

1   2   3   4

_____

_____

</td><td>

Difficulty/Trail Description

🚶 🚶 🧗

1   2   3   4   5

_____

_____

</td></tr>
</table>

Best three things about the hike:

1. _____

2. _____

3. _____

Description/Highlights: _____

_____

_____

_____

_____

_____

_____

_____

_____

Hike Overall Rating

☆ ☆ ☆ ☆ ☆   _____

_____

Hike/Trail Name: _____

Date: _____   Distance: _____

Location: _____

Companions: _____

Weather

Temperature: _____

☀ ⛅ ☁ 🌧

Difficulty/Trail Description

🚶 1   2   🚶 3   4   🧗 5

_____
_____

_____
_____

Best three things about the hike:

1. _____

2. _____

3. _____

Description/Highlights: _____

_____

_____

_____

_____

_____

_____

_____

_____

_____

_____

Hike Overall Rating

☆ ☆ ☆ ☆ ☆

Hike/Trail Name: _____

Date: _____   Distance: _____

Location: _____

Companions: _____

Weather

Temperature: _____

☀️   🌦️   ☁️   🌧️

_____

_____

Difficulty/Trail Description

🚶 🥾 🧗

1   2   3   4   5

_____

_____

Best three things about the hike:

1. _____

2. _____

3. _____

Description/Highlights: _____

_____

_____

_____

_____

_____

_____

_____

_____

Hike Overall Rating

☆ ☆ ☆ ☆ ☆

Hike/Trail Name: _____

Date: _____   Distance: _____

Location: _____

Companions: _____

<table>
<tr><td>

Weather

Temperature: _____

☀️   ⛅   ☁️   🌧️

_____

_____

</td><td>

Difficulty/Trail Description

🚶 . 🚶‍♂️ 🧗
1   2   3   4   5

_____

_____

</td></tr>
</table>

Best three things about the hike:

1. _____

2. _____

3. _____

Description/Highlights: _____

_____

_____

_____

_____

_____

_____

_____

_____

_____

_____

Hike Overall Rating
☆ ☆ ☆ ☆ ☆

Hike/Trail Name: _____

Date: _____   Distance: _____

Location: _____

Companions: _____

Weather	Difficulty/Trail Description
Temperature: _____	

Best three things about the hike:

1. _____

2. _____

3. _____

Description/Highlights: _____

_____

_____

_____

_____

_____

_____

_____

_____

Hike Overall Rating
☆ ☆ ☆ ☆ ☆

Hike/Trail Name: _____

Date: _____　　Distance: _____

Location: _____

Companions: _____

<table>
<tr><td>

Weather

Temperature: _____

☀   ⛅   ☁   🌧

_____

_____

</td><td>

Difficulty/Trail Description

🚶   🥾   🧗

1   2   3   4   5

_____

_____

</td></tr>
</table>

Best three things about the hike:

1. _____

2. _____

3. _____

Description/Highlights: _____

_____

_____

_____

_____

_____

_____

_____

_____

_____

Hike Overall Rating

☆ ☆ ☆ ☆ ☆

Z

Made in the USA
Middletown, DE
07 July 2020